Filigrana encendida
Filigree of Light

Filigrana encendida
Filigree of Light

Olivia Maciel

A Bilingual Edition

Translated by
Dan Bursztyn

SWAN ISLE PRESS
LA ISLA DEL CISNE EDICIONES
CHICAGO

Swan Isle Press, Chicago, 60640-8790
La Isla del Cisne Ediciones

Library of Congress Cataloging-in-Publication Data
Maciel, Olivia, date.
    (Poems. English & Spanish. Selections)
    Filigrana encendida = Filigree of Light/ Olivia Maciel;
    translated by Dan Bursztyn.
    —Bilingual ed., 1 st ed.
    p. cm.
    ISBN 0-9678808-6-6 (hc)
    1. Maciel, Olivia, date –Translations into English. I.Title
    II.Title: Filigree of Light.
PQ7298.23.A258A24 2002
861'.64–dc21   2002024043

The printing of this book is made possible in part by a generous
grant from the Illinois Arts Council, a state agency.

A Manuel Ulacia, poeta y amigo

Contenido

Contents

¿Qué llama invisible de oscuridad es ésta cuyas chispas son las estrellas?

— Rabindranath Tagore

What is this invisible flame of darkness whose sparks are the stars?

— Rabindranath Tagore

Filigrana encendida
Filigree of Light

Palomas y gardenias

Hurgo bajo las palabras intentando liberar palomas

que vuelen en parvada,

hurgo intentando elevar

fragancia de gardenias,

hurgo deseando paladear ese sabor

a terciopelo de palabras

raras.

Doves and Gardenias

I search beneath words hoping to free doves

so they may fly in flocks,

I search, seeking to lift

the fragrance of gardenias,

I search, eager to savor that velvety

taste of strange

words.

Viento

Soplaremos en la boca abierta

de los muertos.

Palabras Mágicas,

viento, viento...

y mi secreto se ovillará en el curvilíneo

resquicio de tu caracol marino.

Soplaremos hasta que surja de nuevo el aliento

de las olas y recoja el suspiro púrpura de la orquídea,

el sutil giro del petirrojo.

Y sentiré el sabor dulzón de tu labio sobre el mío,

el roce de tu mano sobre mi cintura dolorida,

la dicha intensa cuando tu comedida luz alumbre.

Soplaremos en la boca abierta

de los muertos.

Palabras Mágicas,

y yo sedienta de uvas negras,

develaré mi lirio a tu aliento.

Wind

We shall breathe into the open mouths
of the dead.
Magic Words,
wind, wind…
and my secret will twist into the curvaceous
opening of your sea conch.

We shall breath until the essence of the waves
rises again and the delicate turn of the robin
catches the purple sigh of the orchid.

And I shall feel the sweet taste of your lip on mine,
your hand brushing my aching waist,
my joy intense when your restrained light illuminates.

We shall breath into the open mouths
of the dead.
Magic Words,
and I, thirsty for dark grapes,
shall unveil my iris to your breath.

Atardeciendo

Tal vez sólo haga falta
un cambio de luz
en la superficie del agua
—Manuel Ulacia

Es un vaivén ese lento surgir del ocaso,

una somnolencia apesadumbrada por no ver

las profecías ya sucedidas, las que han de acontecer.

La calma de la tarde es una esfera de cristal azulado

que se sume y emerge, mecida

por aguas suavemente onduladas.

El plumaje blanco de aves dóciles

hilvana algo en el aire,

el poeta sobre un muro invisible

bruñe y restaña clarividencias.

Absorta está la luz ante esa incertidumbre que ya se vierte en sombra

mientras las crestas de las olas estallan chaquira

sin saber porqué.

Beginnings of Dusk

Perhaps all that is missing
may be a change of light
on the surface of the water
—Manuel Ulacia

The sunset sways through its slow emergence,

a grieved somnolence at not seeing

the already fulfilled prophecies, those that have yet to occur.

The calm of the evening is a sphere of bluish crystal

that sinks and emerges, rocked

by softly undulating waters.

The white plumage of docile birds

hurriedly sketches something in the air,

the poet on an invisible wall

burnishes and restores moments of clairvoyance.

The light is absorbed by that uncertainty already poured into shadow

while the crests of waves shatter beads

without knowing why.

La cerradura

Inquietante puntuación,

inquietantes recovecos en la lluviosa tarde,

como las voces con las que se compara aquella leve llamada.

Su ligera entonación casi se apaga, de nuevo prorrumpe clara.

El entonces músculo febril ahora arde

débiles sinsabores, cúmulos enmohecidos

tiempo tiempo.

Abre calle la chispa fugaz

desde su hondo interior delatando oquedades

permeándolas de luz al viento.

The Lock

Disturbing punctuation,

disturbing twists in the rainy afternoon,

like the voices compared with that faint call.

Its weak intonation almost dies, and again breaks clear.

The once feverish muscle now burns

feeble troubles, tarnished heaps

time, time.

The fleeting spark opens a path

from its deep interior, betraying voids,

permeating them with light to the wind.

Rezo de medianoche

Perseverando en rezos desde la medianoche hasta el amanecer
una mujer se amarga haciendo muecas,
otra indaga sobre su reflexión cotidiana ante el espejo,
sobre cómo será el ojo del Inefable
sobre las alas negras de dos ángeles que revolotean.

Allá sobre la mesa aguardan los panes enmielados,
allá se acaricia tiernamente una pareja de novios,
allá surge la forma de un chal negro
bordado de rosas rojas y anaranjadas.

En el largo corredor de la noche
reverbera infinitamente el eco de los rezos.

Midnight Prayer

Persevering in prayer from midnight till daybreak,

a woman is embittered by her grimaces,

another inquires about her plain reflection before the mirror

about how the eye of the Ineffable shall be,

about the black wings of two fluttering angels.

There on the table the honeyed loaves await,

there a couple in love tenderly touch,

there emerges the form of a black shawl

embroidered with red and orange roses.

In the long corridor of the night

the echo of prayers reverberates infinitely.

La granada

Ante múltiples pares de ojos

derrama la lluvia su benevolencia sobre la ventana.

Yo aquí tan en silencio

tan en silencio

preciso en algún instante de gracia

adivinar otro silencio,

recordando la granada que la niña desgranaba.

Pomegranate

Before multiple pairs of eyes

rain pours its beneficence onto the window.

I am here so silent

so silent

I must, in some instant of grace,

foretell another silence,

remembering the pomegranate the child picked apart.

Esfera

Después de mirar Arte y arte

los ojos cansados conceden.

Uno en deslizar el trazo persiste

-olivos en palabras-

Lengua

o ponderar.

¿Jugamos?

Nuevamente lanzamos la esfera hacia el cielo y reflexionamos;

¿Que pesa tanto la esfera?

¡Te la cambio!

¡Que sea ésta! ¡Esta! ¡Esta!

la esfera para alcanzar el cielo.

Museo de la Reina Sofía, Madrid

Sphere

After looking at Art and art

the tired eyes concede.

One, in following the sketched line, persists

-olive trees in words-

Language

or to ponder

Shall we play?

Once again we hurl the sphere towards the sky and reflect;

What weighs the sphere so?

I'll trade you!

Let it be this one! This one! This one!

the sphere for reaching heaven.

Museo de la Reina Sofia, Madrid

Alumbra

Milagro en el aroma de la rosa,

en la Flor Marchita que olvidé,

en el eco solitario de pasos que habitan calles oscuras

o trasiegan innumerables habitaciones.

Tu Milagro Amore, ese medium nitrato de plata

aún sin revelar.

Tu Amore Milagro, un chico adolescente que abandona a su pareja

en una fiesta de raros.

Es un despertar asombroso el milagro de soñarte esposo.

Illuminate

Miracle in the scent of the rose,

in the Withered Flower that I forgot,

in the solitary echo of footsteps that inhabit dark streets

or search through innumerable rooms.

Your Miracle Amore, that silver nitrate *medium*

still not developed.

Your Amore Miracle, an adolescent boy who abandons his lover

at a strange party.

It is an amazing awakening,

this miracle of dreaming you my husband.

El pescador

Mango negro, mango de oro,

mango del trópico, mango del atardecer,

silencio dorado, hora del atardecer,

luz aperlada, luz tornasol, cavidad refulgente aterciopelada,

luz en la orilla desde la mar negra

observan los pescadores al final de la jornada.

Manos de sal curtidas,

redes de sal curtidas,

sienes de sal curtidas,

un ángel anciano de andar cansado

aliviando la frente enfebrecida de la viuda,

olvida bajo la mesa del comedor

su cajón repleto de peces translúcidos.

The Fisherman

Black mango, mango of gold,

tropical mango, mango of dusk,

golden silence, the hour of dusk,

pearly light, iridescent light, refulgent velvety hollow,

At the end of the day the fishermen watch

from the black sea, light on the shore.

Hardened hands of salt,

hardened nets of salt,

hardened temples of salt,

an aged angel of tiredly gait,

alleviating the feverish forehead of the widow,

forgets his drawer replete with translucent fish

beneath the dining room table.

Invento

Púrpura desaforado para teñir el sueño,
hilo color mango para bordar el horizonte

hilo aúreo del mango
y púrpura insensato, más que insensato
para teñir el sueño del horizonte

Invention

Limitless purple to dye dreams,

mango colored thread to embroider the horizon

golden mango thread

and senseless purple, more than senseless

to dye the horizon's dream

Cerezas negras

Todo lenguaje es mi lengua
todo río mi océano.

Cerezas, cerezas negras
sobre el borde.

Black Cherries

Every language is my language

every river my ocean.

Cherries, black cherries

on the border.

La rama

La rama del árbol tuerce hacia adelante,
hacia el azul moteado de luz y sombra.

La rama tuerce, dobla, retrocede,
se esfuerza y se desborda en el azul cretoso,
rozado de puntos brillantes,
a su pesar agujas y alfileres
más allá y más allá.

The Branch

The tree's branch twists onward

towards the mottled blue of light and shadow.

The branch twists, bends, recoils,

always straining towards the chalky blue,

grazed by brilliant sparkling points,

in spite of pins and needles

further than far away.

En un solar

al otro lado de la locura

calles y sueños.

In an empty lot

on the other side of madness

streets and dreams.

Vehemencia

Te busco

besito de semilla en mis labios

piquito de gorrión en mis labios,

lunarcito,

piquito de alfiler.

Me punzas, me dueles

Busco tus significados en las enciclopedias,

en las transmutaciones de la cal incandescente,

en los presagios de la creación.

Me enciende la fe en el papel razgado.

Fervor

I'm looking for you,

little seed kiss on my lips,

little sparrow's beak on my lips,

tiny beauty mark,

tiny pin prick.

You pierce me, you ache within me

I seek your meaning in encyclopedias,

in the transmutations of incandescent lime,

in the premonitions of creation.

Faith in torn paper kindles my fire.

Caballo alado

Caballo alado,

el estado de gracia es un derramamiento de oro

en plena tarde de agosto.

Caballo alado,

yo sé que vuelas en verde *chartreuse*,

que el objeto de tu deseo es azul *katzura*

y que ese estado de gracia es un río de oro.

Ayer miré el ojo de un infante

mirándose en el ojo de su padre,

los pétalos alados del áster;

y escuché cinco veces el lenguaje de Hungría.

A mi lengua la bendijo

un beso inesperado,

un beso dulce y almendrado.

Winged Horse

Winged horse,

the state of grace is a spilling of gold

on a hot August afternoon.

Winged horse,

I know that you fly in green *chartreuse*,

that the object of your desire is blue *katzura*

and that the state of grace is a river of gold.

Yesterday I watched an infant's eye

looking at himself in his father's eye,

the winged petals of the aster;

and I listened to the language of Hungary five times.

My tongue was blessed

by an unexpected kiss,

a sweet and almond-filled kiss.

Ayer miré las palabras en el libro de los rezos

primero trás un encaje blanco,

luego trás un encaje negro.

Anoche soñé el suave trazo de los lirios dorados,

tulipanes color albaricoque.

Hoy miro los veleros en reposo,

al vaivén de un suave viento,

meditando ríos de oro,

en palabras que no se han de revelar

y leo algunos de sus nombres;

sasafras, spiritus, media noche.

Caballo alado,

tanta caricia leve sobre mi vientre,

tanta bondad en el dulce aliento

sin ser apenas allegada.

Yesterday I looked at the words of the prayer book

first through a white lace,

later through a black lace.

Last night I dreamed the soft tracing of golden irises,

apricot colored tulips.

Today I watch sailboats at rest,

lulled by a soft wind,

meditating rivers of gold,

in words that are not to be revealed

and I read some of their names;

sassafras, spiritus, midnight.

Winged horse,

so much light caress on my belly,

so much goodness in the sweet breath

almost without our being close.

Benditas horas doradas

buscando la sal de la medianoche

embelesada en madreselvas oníricas,

hallo ríos de savia, ríos de oro, ríos de filigrana.

Blessed golden hours,

searching for midnight's salt

captivated by dream-laden honeysuckle,

I find rivers of sap, rivers of gold, rivers of filigree.

Más perla barroca

más *stimmung*, menos *anshauung*

Más el énfasis de estrellas,

el trazo grueso en el curvo tallo del pimiento

Anoche era el baile, y tú rojo

y yo, pálida, suave

Hoy el sol refleja destellos desde las vitrinas

una dimensión ligera

More baroque pearl

more *stimmung*, less *anshauung*

More the emphasis of stars,

the thick sketched line in the curved stem of the pepper.

Last night was the dance, and you red

and I, pale, soft

Today the sun reflects sparkles from the glass cabinets

a light dimension.

Perla barroca

La *a* negra perla

    perla

    perla

    redonda

    redonda abierta

elipsada, elipsa, pasa,

rosa negra

fina curva

fino trazo negro.

    Perla amielada

    perla ocre

aún si cuesta morir

hora santa

    hora aperlada

    madre perla opalescente

Baroque Pearl

The *a* black pearl

       pearl

       pearl

       round

       round open

elliptical, ellipse, elapsed

black rose

fine curve

fine black line.

       Honeyed pearl

       ochre pearl

even if it pains to die

saintly hour

       pearly hour

       opalescent mother pearl

luna amielada

opalescente rosa amielada

      perla espiralada

temblorosa alba asombrada

temblorosa alba sedienta

temblorosa alba estremecida

Agraciado ósculo gris

honeyed moon

opalescent honeyed rose

     spiraled pearl

trembling awed dawn

trembling thirsty dawn

trembling shaken dawn

Gracefull gray kiss

El rojo de su manga

La noche alumbraba,

el día oscurecía

y el suspiro paseaba

y los ecos de las casas

rezos susurraban

temblando, tiritando, agonizaba

el alma;

a la vuelta de la esquina

había rozado el rojo de su manga.

The Red of His Sleeve

The night illuminated,

the day darkened

and the sigh wandered about

and the echoes of the houses

whispered prayers

trembling, shivering, the soul

agonized,

on turning the corner

it had grazed the red of his sleeve.

Sola

bebe agua de melón

abraza al aire,

vuela al encuentro de la espuma

Alone

she drinks melon juice

she hugs the air,

she flies to the encounter with sea foam

Moras tardías

Despacio, despacio

corre hacia la desdicha

No aprecia en el filo de la luz

la noche oscura

Mujer

si te arrojas de la torre

¿A dónde, a qué, a quién te abandonas?

El pájaro, ¿Qué pájaro es? ¿Qué canta?

Moras tardías

¿Por qué han de teñir de púrpura el agua clara?

Un escalofrío le recorre las venas:

astillas de vidrio desperdigadas.

Belated Blackberries

Slowly, slowly

she slides into unhappiness

She doesn't look at the dark night

in the edge of the light

Woman

if you throw yourself from the tower

To where, to what, to whom are you abandoning yourself?

The bird. What sort of bird is it? What does it sing?

Belated blackberries

Why must they dye clear water purple?

A chill runs through her veins:

splinters of scattered glass.

Angel de polvo

I

Con lápiz

sólo con el carbón del lápiz

hay que saber beber el agua

Angel de polvo

sin beber el agua

      libres los pájaros del pensamiento

polvo de vidrio molido

sin beberla

II

Ven tanto que antes no veían

Angel de polvo;

al santo siervo que se inclina ante un enfermo.

Aquellos ojos se cerrarán bajo la arena

imperceptiblemente.

Angel of Dust

I

With a pencil

with only the lead of a pencil

one must know how to drink the water

Angel of dust

without drinking the water

You free the birds of thought

ground glass powder

without drinking it.

II

They see much that before they did not see

Angel of dust;

the saintly servant who leans over a sick man

those eyes beneath the sand, imperceptibly,

will close.

Noche árabe

A Marc Chagall

Alrevés el árbol, alrevés la luna

el pájaro es rojo

los pies y las manos mansas.

Agua de río el agua,

abre abre abre

que la semilla es translúcida y rara.

Noche de día

noche de aljófar

noche de noche

Luna *perola barroca*

ojo de pájaro amarillo

sobre su vientre

un rayo de azul derrama.

Arabian Night

A Marc Chagall

The tree, backwards; the moon, backwards

the bird is red

the feet and hands calm.

River water, the water

open open open up,

for the seed is translucent and rare.

Night of day

night of pearl

night of night

Perola barroca moon

yellow bird's eye,

on his chest

a blue ray spills.

et durae quercus sudabunt roscida mella
—Virgilio, *Egloga 4a.*

Fero tres dolores,

unus sal albus

unus viridus ver

unus ruber absens

¿Sum frigida? ¿Sum aestuosa?

Senex radio ambulans,

petet dulcia

et appropinquat

Resistencia

¡Ah, calaveras y ruedas de oro!

Alguien intenta alimentar a la fuerza palabras

cuando el hilo es otro.

El oscuro espiral gira sobre sí,

un Poseidón interno arremete contra otros remolinos

¡ah, los panes azucarados y las calaveras!

La página opone resistencia al diente

de unos cuantos peces muertos.

Acurrucado en involuto caracol negro,

el lamento grita hacia dentro.

Resistance

Ah, skulls and wheels of gold!

Someone tries to forcefully feed words

when the thread is another.

The dark spiral twists about itself,

an internal Poseidon attacks other whirlpools

ah, the sweet pastries and the skulls!

The page resists the teeth

of a few dead fish.

Cowering in spiraling black snail,

the moan cries inward.

Punzón

Alma, lago cautivo
la imaginación es alimentada a la fuerza
skulls and round gold.

Sistema eficiente el de Hollywood,
cuyo avaro cianuro traza surcos
y el de aquellos que prodigan plomo y ceniza.

A la juventud, ¿quién la escucha?

Clip and close up Columbine

El monstruo de cien ojos
recicla los lamentos,
a rerun feature,
se anuncia otra matiné.

Awl

Soul, captive lake,

the imagination is force-fed

skulls and round gold.

Efficient system, that of Hollywood,

whose miserly cyanide plows furrows

also that of those who lavish lead and ash.

Who listens to the youth?

Clip and close up Columbine

The hundred-eyed monster

recycles the moans,

a rerun feature,

another matinee is announced.

Buril

El testimonio de los censores,

como el testimonio de los zapateros,

como los ojos oscuros de Carranza,

nos dejan boquiabiertos ante la anarquía *del magonismo*.

¿Son los censores auténticos lectores?

Esto, lo arguyo yo, es una imposibilidad,

a las palabras no se les puede aplastar

cuando hay sustancia detrás de ellas,

cuando llevan alma.

Si no, que bohemias vuelvan,

que se arremolinen abrillantadas,

que vivan anárquicas.

La lectura en alto,

punto de encuentro para los analfabetas.

Burin

The testimony of censors,

like the testimony of shoemakers,

like the dark eyes of Carranza,

leave us open-mouthed before the anarchy of *magonismo.*

Are censors authentic readers?

this, I argue, is an impossibility,

words must not be crushed

when there is substance behind them,

when they have a soul.

If not, let bohemian words return,

so they may lustrously swirl,

let them anarchically live.

May reading be held high,

a vertex of common ground for illiterates.

Cincel

A la luz de las palabras se dice

que aún Carranza cabalga entre los mexicanos,

y una jovencita escribe sobre páginas manchadas de carbón,

con dedos amarillentos sobre un cuaderno de rayas;

cláusulas de la conciencia.

Y digo que prefiero el sueño triste, triste,

a reformas amordazadas.

¡Cómo sufre la palabra *amordazada*!

Transparentar el cuerpo de la ley

Transparentar

Chisel

To the light of the words it is said

that Carranza still gallops among the Mexicans,

and a young girl writes on coal-stained pages,

with yellowed fingers in a lined notebook;

clauses of conscience.

And I say that I prefer sad dreams, sad,

to muzzled reforms.

How the word muzzled suffers!

May the body of law be transparent

transparent.

Llévame contigo hacia el cielo tembloroso

hacia el cielo jadeante,

por el pilar de las estrellas.

Take me with you towards the trembling sky

towards the panting sky,

through the pillar of stars.

Manzanas de luz

De noche entresueños

manzanas de luz,

una mujer madura regala al hombre eterno

palabras envueltas en celofán

como si fueran caramelos

entre segundos, entre horas, entre besos callados,

entre suspiros, entre muertes y entre

sustancias pegaminosas

atisbando al otro lado del mundo

consolación o congoja.

Apples of Light

At night, sleepily

apples of light,

a mature woman gives words

wrapped in cellophane

to the eternal man

as if they were candies

between seconds, between hours, between hushed kisses,

between breaths, between deaths and between

sticky substances

discerning consolation or anguish

on the other side of the world.

Peine de las medias lunas

Guirnaldas de estuco en el cielo

y manzanas de luz en regalo desplegadas.

Peine de las medias lunas,

tunel de las medias lunas,

tren de las medias lunas.

Comb of Half Moons

Garlands of stucco from the sky
and unfolded apples of light in gift.

Comb of half moons,
tunnel of half moons,
train of half moons.

¡Ay candela!

A ritmo de son

recuerda a la niña que fue a Nueva York,

recuerda a su hermana sonriendo con vos.

Al vaivén de las olas

la lluvia le saca brillo a la piedra

la piña endulza el amarillo de las horas.

Recuerda el abanico y la cadera,

enciende sus vértebras el ritmo de son

¡Hay candela en la hebilla de su cinturón!

Divinity School Cafeteria, Universidad de Chicago

Oh flame!

The rhythm of music

remembers the girl who went to New York,

it remembers her sister smiling with you.

Lulled by waves

rain polishes the stone

pineapples sweeten the yellow of hours.

It… remembers the fan and the hip,

the rhythm of music fires her vertebrae.

There is flame in her belt buckle!

Divinity School Cafeteria, University of Chicago

Nonna

Para A.Y.

¿Notas el reflejo tornasol de la luz

sobre el tamiz de tu ventana?

¿Notas las tres tonalidades del lago?

Una es azul plomada, otra azul rey, otra azul cielo.

Nonna

For A.Y.

Do you notice the iridescent reflection of light

on your window-screen?

Do you notice the three tonalities of the lake?

One is leaded blue, another royal blue, another sky blue.

Aroma de romero

Bajo el naranjal

la gitana de ojos verdes

me regaló con su mirar…

No me leyó la mano

¡Huele! *Aroma de romero. ¡A disfrutar!*

Acariciándome el vientre

murmuró una predicción

cuyo secreto no se diseminará.

¡Niña! ¡Hay que hacer lo que hay que hacer!

Y me entregaba un vestido *digno de una reina,*

un vestido estampado de lunares blancos

sobre un trasfondo de seda negra.

Granada, España

Aroma of Rosemary

Beneath the orange grove

the green-eyed gypsy

with her gaze gave me…

She did not read my hand

Smell! Aroma of rosemary. Let's enjoy!

Touching my belly

she murmured a prediction

whose secret is not to be avoided.

Child! You've got to do what you've got to do!

And she offered me a dress *worthy of a queen,*

a dress printed with white polka-dots

on a background of black silk.

Granada, Spain

Setenta y largo lienzo de seda

En un lenguaje marino la niña contaba;
Poseidón giraba remolinos en el mar
mientras a Odiseo, cautivo de Calypso,
lo auxiliaba Hades con un largo lienzo.

La niña narraba;
Penélope tejía y destejía la manta
que hacía para su padre.

Celebrando el cumpleaños,
entre el recién deterioro de las persianas,
y la rosa azucarada del betún,
por boca de la niña, el intangible estambre de Homero
enmarañaba el tiempo con el tiempo.

Largo, largo el lienzo se extendía hacia la otra orilla,
los estambres tejiéndose y destejiéndose.

Seventy and Long Silk Linen

In a marine language the girl recounted;
Poseidon whirled eddies in the sea
while Odysseus, Calypso's captive,
was pulled into Hades with a long linen.

The girl narrated;
Penelope knit and unknit the blanket
that she was making for her father.

Celebrating her birthday,
between the recent fray of the blinds
and the rose of sugary icing,
through the child's mouth, Homer's soul
entangled time with time.

A long, long way, the linen extended towards the other shore,
the souls weaving and unweaving themselves.

Caracol negro

Existencia cotidiana ante el espejo

toda espejos,

cristal plateado,

involucionado hacia un arcoiris

de colores codificados,

caracol negro

La boca es aire.

Black Snail

Everyday existence before the mirror

she is all mirrors,

silver coated glass,

curling into a rainbow

of coded colors,

black snail

The mouth is air.

Palabra

Forma de luz

raro pensamiento

desenvuelto en rosa damascena,

ojo de agua,

arroyo de corriente sonora.

Noche abierta.

Word

Form of light

strange thought

unfolded into a damask rose,

eye of water,

brook of melodic current.

Open night.

Brizna de oro

Era oscuro y brillaba
como el fresco carbón
de las noches septentrionales de noviembre.

Y nosotros brincándonos la prosa
nos acurrucábamos en las brechas,
en tanto las manzanas se cocían
y los copos de nieve descendían.

Golden Ember

It was dark and shined

like the fresh carbon

of the northern nights of November.

And we, skipping prose about

huddled down in our niches,

all the while, apples boiled

and snowflakes fell.

Claveles rojizos

…es una pérdida lo que ya no es, lo que no eres tú, lo que no soy yo, no somos nosotros el tiempo voló igual que mis caricias sobre tu pelo rumano bendito espero ahora otras manos encalen menos la madrugada. A tí te queda esto a tí conocedor de orillas exóticas, de perfidias raras. Antes eras mi locura viva, a la cual regalaba botones de claveles rojizos. Ahora eres mi locura, pulpa de papel…

Red Carnations

...that which is no more is lost, that which you are not, that which I am not, we are not ourselves the time flew just as quickly as my caresses of your blessed Romanian hair I now hope that other hands white wash the dawn less. This is left to you, to you who knows exotic shores, exotic perfidies. Before, you were my live madness, to which I made gifts of red carnation broaches. Now you are my madness, paper pulp...

Filigrana encendida

Habitaré la sombra resplandeciente de la noche;

los girasoles adormecidos en enrejados de filigrana espiralados.

Seré mujer mojada, recuerdo de niña buena, repique de campanas.

Escribiré sobre besos no correspondidos en Isfahán,

       Zaragoza de la Luz, Nueva York, o Madrás.

Volveré a ser mujer joven a los noventa,

de noche abrazaré la oscuridad

       y envuelta en el velo amarillo de las horas,

admiraré el suave canto de los niños.

Beberé agua de lluvia

       surciendo mis arrugas en la sal de las olas.

Filigree of Light

I will live in the resplendent shadow of night;

sleeping sunflowers that lean towards railings of spiraled filigree.

I will be a wet woman, a memory of a good child, peal of bells.

I will write of kisses not returned in Isfahan,

       Zaragoza de la Luz, New York, or Madras.

At ninety I will again be a young woman,

I will embrace darkness

       and wrapped in the yellow veil of hours,

I will admire the gentle song of children.

I will drink rainwater

       darning my wrinkles in the salt of the waves.

Encabalgamiento

Para explicar las estrellas,

llanto seco alma rara

viento terso.

Enjambment

To explain the stars,
dry tears strange soul
terse wind.

Entretejido

Algo raro esconden las nubes;

los rojos de los espirales,

los relatos de los enrejados,

esos mármoles blancos y negros,

y esas mañanas de brisa marina

lo real, lo real

en el bostezo de un recién nacido

las partículas más finas del universo

la o del ahora

la curvatura de la c

¡ah! y las calabazas, doradas en las frondas

algo raro esconden las nubes;

el girasol que yo conozco danza,

se alegra, sonríe, se sacrifica,

en ningún orden, sin particular desorden.

Weave

The clouds conceal something strange;

reds of spirals,

tales of balustrades,

those black and white marble columns,

and those sea-breeze mornings

reality, reality

in the yawn of a newborn,

the finest particles in the universe

the o of now

the curvature of the c

ah! and the pumpkins, golden in the foliage

The clouds conceal something strange;

the sunflower that I know dances,

smiles, brightens, sacrifices itself,

in no particular order, in no particular disorder.

Mar de la fecundidad

Dentro del verde de la luna

terra et maria

y dentro muy dentro

el rezo de las estrellas

Sea of Fertility

Within the green of the moon there is

terra et maria

and within deep within

the prayer of stars

Besos de agua

¿Qué buscamos?

que no se olvide el gusto por el surco

y por el canto del gallo al rayar el alba

que no se olvide el color de aquel pelo rojizo

aquellos besos de agua

o levantarnos a las cinco de la mañana,

para meditar en el significado del hielo.

Hallarnos enmedio de una conversación de campesinos,

discutiendo el calendario de las cosechas, de las estaciones,

de las lunas llenas, la semilla en el surco de la tierra.

Kisses of Water

What do we seek?

that we may not forget the joy of sowing

and the joy of the rooster's song at the first rays of dawn

that the color of such red hair not be forgotten,

those kisses of water

or waking up at five in the morning,

to meditate on the significance of ice.

Find us in the midst of a conversation of peasants

discussing the calendar of harvests, of seasons,

of full moons, the seed buried in the earth.

Swan Isle Press is a nonprofit literary press
dedicated to publishing the works of exceptional
writers of poetry, fiction, and nonfiction.

La Isla del Cisne Ediciones is the imprint
of the Press for original works in Spanish
published in bilingual editions.

Swan Isle Press, Chicago, 60640-8790
La Isla del Cisne Ediciones
www.swanislepress.com

Filigrana encendida
Filigree of Light

Designed by Edward Hughes

Typeset in Joanna

Printed on Writers Offset Natural